CÓDIGO HOBO

CÓDIGO NOBO

CÓDIGO HOBO

Luis Colder

ESPASA ES POESÍA

ESPASAesPOESÍA

© Luis Colder, 2025
© Editorial Planeta, S. A., 2025
Espasa, sello editorial
de Editorial Planeta, S. A.

Primera edición: junio de 2025

Preimpresión: MT Color & Diseño, S. L.

Depósito legal: B. 9.816-2025
ISBN: 978-84-670-7759-9

Espasa, en su deseo de mejorar sus publicaciones, agradecerá
cualquier sugerencia que los lectores hagan al departamento
editorial por correo electrónico: sugerencias@espasa.es

www.espasa.com
www.planetadelibros.com

Impreso en España / *Printed in Spain*
Impresión: Liberduplex

Editorial Planeta, S. A.
Avda. Diagonal, 662-664
08034 Barcelona

A la memoria de mi padre, Luis Cortiñas,
a la de mis abuelos, Julio y Aurora, a todos mis muertos;
también a Carlos Torres, a Marcelino Ferro, a Álvaro Fonseca.
Algunos de mis versos siempre serán suyos.

No es que no sepamos lo que quieren decir las palabras. Es que las palabras, en el fondo, no dicen gran cosa.

MAX AUB

La noche está rozando los cristales, como un lobo de cuento para niños.

ANTONIO PEREIRA

No creo que los escritores sean más listos que los demás. Solo son más convincentes en su estupidez.

DAVID FOSTER WALLACE

Prefacio

Los hobos surgieron en Estados Unidos a finales del siglo XIX como trabajadores nómadas que combinaban empleos temporales con viajes a pie o en trenes de carga, diferenciándose de vagabundos (*tramps*) y holgazanes (*bums*). Su origen se relaciona con los veteranos de la Guerra de Secesión que, sin hogar, adoptaron un modo de vida itinerante. Durante la Gran Depresión de los años treinta llegaron a representar el cinco por ciento de la población estadounidense. La elección de su forma de vida era consecuencia de la necesidad, no de una búsqueda filosófica. Encarnaron la resistencia ante un capitalismo rígido; basaban su comportamiento en la autosuficiencia y el respeto al libre albedrío, heredado del individualismo ilustrado. Su consolidación coincidió con la expansión ferroviaria y la colonización del Oeste, donde trabajaban en construcciones, granjas y minas.

Los hobos crearon un lenguaje secreto con símbolos que dibujaban en postes, vallas y paredes usando tiza o carbón. Estas marcas alertaban sobre peligros (como casas hostiles), señalaban lugares seguros o indicaban si una familia podía ofrecer comida o trabajo. Aunque evitaban organizarse en grupos formales, seguían un código ético no escrito: trabajar para sostenerse, rechazar la caridad y respetar la libertad ajena. Su filosofía, cercana al estoicismo, valoraba la honestidad y la experiencia por encima de lo material.

La figura del hobo ha inspirado a numerosos escritores, activistas y músicos a lo largo del siglo xx. Un ejemplo destacado es la novela *The Road* de Jack London, basada en este estilo de vida itinerante que el propio autor experimentó durante su juventud. Tras la Segunda Guerra Mundial, los hobos declinaron por la mecanización ferroviaria y la prosperidad económica, pero su influencia persistió en la contracultura. Autores como Jack Kerouac (*En el camino*) y músicos como John Lee Hooker (*Hobo blues*) rescataron su espíritu, mientras películas como *Hobo* (1992) o *Nomadland* (2021) los mitificaron. Su filosofía inspiró también movimientos como la Generación Beat y el *Wanderlust* (deseo de vagar).

Hoy su legado pervive, quizás amortiguado en el nomadismo digital global, en los *Van Lifers* y el rechazo al consumismo, aunque estos grupos a menudo romantizan la itinerancia desde el privilegio. Los distintivos que guiaban a los hobos han sido sustituidos por códigos QR o rutas GPS, recordando que, en toda época, los seres humanos buscan signos y caminos en el mapa de una libertad cada vez más efímera.

1

de la rueda de prensa
de las palabras,
de la primera presión,
en frío:
del aceite virgen extra
del desencanto

hacerse la muerta
para que la realidad
no me lleve
al fondo de la cordura.
palabras espermicidas
junto a un árbol que olvidó
el otoño
en el paraíso lento del iris,

palabras en paños
menores, de menos, surcos
en el haiku de la combinación
de tu sonrisa

tú y yo leyendo sombras
que buscan cuerpos
para supervivir

hacer de todo calma,
y del amor un pisapapeles,
transitar un país sin terminar,
esas son las certezas,
el resto, salvas con pólvora
de vasallo

2

podar banalidad,
hasta que no quede
nada, solo esquejes
caídos fuera de juicio

del club de lectura
de estas nubes
que se irán
a tu memoria
y a resetear
poco después el poema

de cuando casi todo
es correo no deseado
en la bandeja de entrada
de tu sexo

3

de las sílabas y de su encuentro
en el verbo. restos de materia
desechada, combinaciones
inútiles que se desangran
sin contenido aparente;
toda verdad lleva siempre
sus cadáveres dentro

y tú me hablas de la tumba
del diccionario, y yo soy río

siempre tú junto al recurso
de la papelina
de niebla gris que cortó el tiempo

4

en aquel el río cabe
una ciudad dormida,
leer a Bauman en el Anchoas

una realidad de protección
oficial, y las notas
al margen de la infancia,
y de alguien que te habla
de armar hijos

[La gran esperanza blanca,
como si eso fuera posible].

5

vaciar el buzón
de spam
de tu vida
útil, o su colilla
mal apagada

ser aceptada
por la operadora logística
de la noche,
descansar fijando
la mirada
en el falso techo
de la ecuanimidad

saber que siempre hay discursos
paralelos, ríos, mantras que recorren
los pies del mundo;
como si eso fuera posible

6

aquel plató en el que los turistas
representaban la misma inefable
obra cada mañana; aquellas calles
empoderadas en las que discurrió
nuestro amor obsolescente

aún no teníamos el desafío
de hacer caer a una civilización
de forma ordenada

ahora leemos entre líneas de metro
y somos el pasto de una marabunta
de payasos que desconocen la gracia
de ser sujetos pasivos

7

canto a las palabras
desertoras de un poema
que nunca se escribió

al café de Balzac,
a las manzanas podridas de Schiller,
al opio de Coleridge;
y mi ropa interior cae
en aquella alfombra nada persa

8

¿me vale la pena,
o debería probar
la talla siguiente?

[Trayectoria lírica,
como si eso fuera posible].

9

esa fragancia a contenedor quemado,
algo así como de Hermès, el aroma
a sándalo de un manojo de sucursales
bancarias incendiadas, ese humo
con tonos de gasolina de 95 octanos
y bergamota, muy floral, el tema
del relato

¡oh, esos antiguos y evocadores
perfumes franceses!

ser una cicatriz de mujer
que busca lianas entre las palabras

10

caravana de sustantivos,
atasco a la entrada
del poema, y las fuerzas
del orden regulando
el asunto: la cosa no puede
terminar bien

boñigas encuadernadas,
en los mejores anaqueles
de tu librería de provincias

lo dicho, carreras de galgos
en el nuevo gay-trinar

de los requisitos administrativos
de las palabras, de las olas

de As Catedrais entre los acantilados
de tu cuerpo desnudo ya de distopía

11

suceder en el mar,
en la fragancia
de robles
que llega desde la cost(r)a
de la infancia

prosternarme
ante la gallina
ciega de jugar

voy y vengo, factual

12

esta mañana,
edición corregida
y ampliada

de la gimnasia geométrica
de este océano
en la cartografía
de tus senos dormidos
al gran sol

[Paracaídas,
como si eso fuera posible].

13

tú y el trapecio de la luz
buscando alas
en un destino in-cierto,
tú y la in(ter)ferencia
de lo imposible

alguien ha robado
lo que no sucede,
alguien al que no puedo
pedir cuentas ya

14

autenticarse en esta bruma
que tiende riscos;
nosotros y el negocio
de los datos

ser un accesorio de hombre,
una actora en la multitud de Poe,
observar sin ser observada
por la experiencia,
caminar con la transparencia
de la que ya nada espera

15

siempre el poema,
después de la publicidad

el depósito legal de tus manos,
y esa destreza en recoger
el dígito último de enero
mientras ojeas el periódico
en una plaza de pueblo

momentos en formación
atentos a distribuirse
entre cuerpos
que los precisan;
porque solo somos eso:
suma de instantes
en la cuenta de la vida

16

*de cuando todo parece
una caja de postales muertas

en los sótanos de la luz
el riff del tiempo,
y germina la carne
dulce de un país
gastado; y se desprecinta
la tarde
en un mar sin carabelas,
solo motos de agua
que gritan queroseno
en tu mirada ámbar,
solo viejos libros
en el contenedor azul
de nuestra cordura

giran las golondrinas
este túnel de viento: pruebo
palabras compradas
a un mercader de María
Magdalena en las playas
de Nazaré

[Fuentes policiales,
como si eso fuera posible].

17

palabras, hasta fin
de existencia-s

unpacking en un hostal
de carretera, leer
a Sergio Mayor

libros excipientes
de una ternura
mal llevada

amores antiguos,
colorantes
en una memoria
que aradereza
lo que nunca fue,

llego a ti, otra vez,
a los papeles de tu nuevo
nombre, y armamos juntos
el artificio de los músculos
que nos celebran
—a medias— en esta confusión
de géneros

18

cada dos por tres
el colorín de la «literatura»;
de los puretas
de las biografías
y de sus biopsias

del acto participativo
de secarte la piel
a la luz de la luna

intercambiar metales pesados,
adverbios que se van acumulando
en el organismo y envenenan la sangre

a la planta no le queda otra
que ir hacia la luz, decías

una hagiografía entrenada
para la eternidad. esa es
tu condena

19

o el gesto de cerrar los párpados
en un cuerpo dormido
al que solo espera la tierra;
o quedar para jugar al *mahjong*
en una ciudad nada sagrada:
ni seres humanos ni animales
en las mezquitas del pensamiento

o esta madera de brezo que poco a poco
acaba en pipa. rituales que se aparean
en leyendas en las que nadie cree ya

estar aquí, en el lugar preferido
de un manojo de palabras abatibles

podría escribir: el arcabuz del tiempo
en los labios carmesí de la prosodia,
o la grafía de la vida que se disuelve
en el afán amante del azahar;
arden las horas en tu ausencia,
se viste de paraíso la espada silente
de la pasión. es tarde para el hechizo
del poema, para la falsa ausencia
en la clerecía que decanta dicha
bastarda, todo es horas muertas

podría, pero no pienso hacerlo

20

consumidora de esta luz
que tamizan los alisos

palabras,
ayuda
a domicilio

verbo, gran angular
que todo lo atrapa

[Armarse de paciencia,
como si eso fuera posible].

21

estar siempre
en *zugzwang*,
progresar
adecuada-mente

atender al deseo
por riguroso orden
de llegada
junto a mi asesor
de intimidad

morir con las palabras
puestas

22

del refugio del fuego,
para ir quemándolo todo;
también a ti

triste ser mecánica
y no saber
manejar el vehículo

y que te aburra la naturaleza,
la falsa esperanza en el otro

23

la pornografía de opacar
unos pezones
para que no me pille
el algoritmo

o retratarte con tu libro
de poemas, al lado de la tumba
de un poeta muerto de hambre
pocos años después del treinta
y seis; lo dicho, pornografía

los operarios de la soledad
no hacen huelga esta mañana,
el tiempo sirve café
para que el sueño no me vuelva
atroz del todo

24

vender palabras,
a pérdidas,
la Poesía siempre
ha sido así

sé que el dolor
entrena
—aparcado—
en la doble fila
del poema

de cuando la identidad
reside en la palabra,
esa otra curiosa forma
de carne

[Bajo ningún concepto,
como si eso fuera posible].

25

salir viva del *grinder*
de la noche,
del inventario
de sombras
de ojos,
o después de los neones
lubricados para la ocasión

pasar el rato, bien pasado,
sin cortar; o encuadernar
basura en un cinco estrellas

expirar, verter el alma
lejos de tu codicia
de palabras bien sonantes

26

tus pensamientos,
medios aéreos

ser tu *hacker* corporal,
restablecer tus valores
de fábrica, ¿re-cuerdas!

27

tú y las *cookies* analíticas
de esta lluvia radioactiva

sacarle el precinto
a un manojo de palabras,
consumirlas: tramitar
el sentido de:
– la muerte
siempre en el croma
de una mano lenta

verborrea en los labios
de un primer mundo
que toma té
de comercio injusto

28

palabras *aftersun*,
y de la epifanía
de un Lucky Strike
sin filtro

comprar libros,
almacenar tiempo

*de cuando todo parece
una caja de postales muertas

transmisión oral, tierras de Ngari,
saludar a un viejo *dokpa*, seguir rumbo
al horizonte, al lugar en el que
las estrellas besan el camino;
mañana aguarda un cielo azul, uniforme,

numinoso, un tapiz que limpiará
el viento lejos de los parabrisas
del hombre constructor

Tíbet y el ritornelo de la luz con su sombra
binaria, siempre; Tíbet y la llave maestra
de otro destiempo

también los viejos asuntos del poema,
contentarse con estas palabras,
—con su ya pesada biografía—
nunca nada nuevo en la fuente,
pero qué fresca sabe a veces el agua

y el orden de las cosas: Octavio Paz, Rilke,
dialogar siempre con lo ya escrito,
descansar en el trastero imposible de la verdad

[Primera cita, gratuita,
como si eso fuera posible].

29

versos sin gas,
metáforas de bajo coste,
patrañas y palmeros

y la tarea de producir futuro,
caramelizarlo una y otra vez
en el horno del presente

pedir una caña, seleccionar
la respuesta correcta

ser un hobo, líquido,
que se pierde en los vagones
de la noche, que busca apeaderos
en el sueño antiguo de los gatos

30

de esta línea de vida
para subirte
a las palabras

de mi pereza núbil
bajo las yemas
de un acosador
que sabe hacerse
el muerto
solo entre adjetivos

de un sábado
de otoño
con algo de Gabinete
en la guantera

31

sí, siempre espectadores,
con nuestros cuadernos,
ese quizás sea el problema

creer en estas palabras,
que son mierda de perra vieja,
y que se te pegan
—aromáticas—
a la suela de los zapatos
para fecundar las aceras
de la ciudad

32

me da pena,
es muy generoso

ser una francotiradora
que no dispara,
el hazmerreír
de la profesión

[El buen camino,
como si eso fuera posible].

33

no conocía
ningún callejón
sin salida,
y sin embargo
te quería

el comité Nobel buscaba pruebas,
no grandes ideas, dijiste a las cuatro
de la madrugada entre las llamas
de aquella estación de ser-vicio

la heterotopía
de tu cuerpo desnudo
circa mis acontecimientos,
y esa fábrica clandestina
de soledad compartida
en el entresuelo
de nuestra locura

34

ya han llegado
las primeras abejas
a las pocas flores
abiertas del azahar,
entrena la primavera
en mi naranjo,
y se aplican al asunto
con desigual fortuna
las poetas de piscifactoría

35

me da que pensar,
y se lo agradezco

canto a las ratas de Nueva York,
a la sombra permanente
de los rascacielos, al humo
de los tubos de escape,
a los cinco dólares por un café;
canto a los poetas que ya no vienen
y a la oportunidad de unas lágrimas
en los espejos del One Vanderbilt;
canto al hobo
que todos llevamos dentro
saltando entre las mercancías
de la noche

36

apego al desapego,
cosas
de la vida

o generar flujo en el sexo
de alguien al que no perteneces

vandalizar el poema, una y otra vez,
aderezar el mismo refrito poniendo
cara de poeta, ya me entiendes;
también la excepción afortunada
con unos céntimos de belleza
en los bolsillos, de vez en cuando

y dar también de comer al gato de Mishima,
poco más

[Ciento setenta caballeros legionarios,
como si eso fuera posible].

37

traficantes de cordura, al anochecer,
quemando el último queroseno disponible
en una ciudad devastada por lo binario,
el capital simbólico de una calle desierta
por el miedo al otro; a estas horas
el mercado dicta lo real
y tú ya no sales ni en los espejos;
inutilizar las palabras, precintarlas
por esa falta de huso
que las teje confortables

38

dejar un cuerpo
con las llaves puestas

buscar al nuevo
modista
de mi género
todo muy literario

no pidas permiso
al narrador
déjate llevar
por la sangre
del vacío
de un par
de corazones
sin manager
en la otra bandeja
de entrada del deseo

39

{del cubilete de la mente,
del momento dado}

ar-tistas; coger en demarcaciones,
en el orgasmo de sentirte huésped;
miradas sin obras de arte,
jubilados de una ternura democrática,
del espacio central de pensar
en el vidrio del amolda-miento

caminar curatorial para traerte
medidas, mediadora, visitante
con pendientes, pendenciera
en el laboratorio de ideas.
salir en el listado tridimensional
de la noche, a escala, salir
al proceso de montarte, sernos

una obra de gran tamaño,
la señalética de lo Real
que lleva viéndonos toda la vida

chapas de titanio con su luz tamizada,
la piedra caliza, el hierro, y tu espalda
recogiendo frío, tensando músculos,
palpitando como un ser casi vivo,
como una obra expuesta a la humedad
relativa; y saborear tus juntas
de dilatación, la industria del magma
y su entramado artístico, sentir
orgánico tus formas, el emplaza-miento
del empeine, naval, y la pequeña
muerte de intercambiarnos espacio

manipular, y la recompensa
del arte, a tiempo parcial;
todo y aquella dulzura émica
de tu miembro que todavía permanece
en esta memoria RAM, dactilar

{acero corten, la materia del tiempo,
espirales *psicopompos*, amanecer
desnudos}

40

tú y el dividendo
de las palabras,
carne de carnet,
de cuerpo a tierra

tú y la estela que dejó
el dolor en nuestras extremidades
semiconductoras aquel verano

dulce fue dormir bajo tu sombra,
con el eco de Hölderlin
y el sol de Juan Ramón;
dulce la ansiedad concluida
de una mente que ya no teje
amores coloniales,

todavía tiene que haber algo para ti
dentro de la maleta de algún argonauta,
quizás una vulva bilingüe
que sabe a tierra de fuego
o los restos de un manojo de horas
binarias sin el precinto del corazón

[Sin ánimo de lucro,
como si eso fuera posible].

41

guardar silencio
para cuando
nos haga falta

recogerme en la contra
de tu vida

pensar en la compasión
del vacío
que nos aguarda
materia viva

42

todo se hunde,
las palabras primero

tocar juntos,
tocar-nos,
del Punto Nemo
de nuestro Amor

o dejar de nuevo
las llaves puestas
en el poema
y que se lo lleve
alguien parecido a ti

43

decía: el pus
es tinta china,
siempre
cosas así;
hoy he visto
su nombre
en la lista
de los sesenta,
ya no lleva
el pelo rojo,
ni aquellas botas
blancas,
ahora dice
que vive
en otro momento
dado, blanco,
patriarcal,

esas tonterías
del género,
ya sabes

44

el sonido del agua cuando das una brazada,
el frío de la muerte que desea entrar
en tus poros abiertos, el eco que regresa
de atusar a un ejército de pinos rojos

del eterno viaje al infinitivo, dejar de alimentar
a una realidad que ya casi no está disponible

[Justicia poética,
como si eso fuera posible].

45

de cuando descubres, una mañana
parecida a esta, que su cuerpo
era una gran goma de borrar

del cansancio de la velocidad
de ir a ninguna parte de ti

46

de los afectos
secundarios
de las palabras

tráfico de recuerdos,
y ni un solo peatón
en los pasos de cebra

escupir al aire, en vertical,
pero no demasiado, y dejar
que la saliva caiga en un poema
fundacional; jugar con el azar
del viento, ser un niño
de pantalón corto y cometa;
ser un ser sin ser en el canon,
ser-vicial, detenido por escándalo
público en (tu(mente s tática))^2

47

poemas presenciales
que te concilian
con el montaje
del director,
una papelina de belleza
sin cortar, claro,
bien pasada, como tú

morir de turismo
agudo, ser
propietaria
de tu destiempo

48

interrumpir la vida,
con un libro;
resta el rapé cancerígeno
de los interesados en el sol

tú, el domicilio
fiscal
de la palabra

[Dejarse ver,
como si eso fuera posible].

49

hay mujeres
imprescindibles
que saben
a tierra,
mujeres atópicas
en las galeradas
del sistema,
gotas en este mar
de ardora

velar porque nadie
sobrepase la velocidad
permitida, cariño

50

de la mirada de las mil yardas,
en Laxe, Costa da Morte

después entrar en la mente
de un amigo,
ponernos cómodas

quedarnos en esta realidad
que duele un poco al tragar

51

toda convivencia es una forma
de invasión

de la caja negra del poema,
cuando ya lo has dicho casi todo
y solo resta un vientre de alquiler

yo pongo el hielo,
tú los ruegos y preguntas
de una Europa
que busca toros blancos
entre el humo de las catedrales

52

todo movimiento
lleva su industria,
su cuenta
de resultados

un cliente de las palabras,
esto no debería funcionar así

rostros ocupantes de fotografías
en blanco y negro que flotan
en sus marcos de plata,
afuera los vampiros aguardan
el engrudo de la cruz

[Sabe Dios,
como si eso fuera posible].

53

dejarles basura, a nuestros
hijos, dejarles un planeta
repleto de hijos de puta

ser un descuento
por tiempo limitado,
una oferta para esta lluvia
que pide limosna
en los cristales tintados
de la libertad

54

de la luz
y de sus pares
académicos

o del barro
que le sobra
bajo las uñas
a un Dios
inapetente
que vive
en Ibiza

tú hablándome
del Bön negro
que te enseñó
aquel novio
hippie de los 70

o de la tarde
que diste un recital
armada
con un chaleco
reflectante
y un casco de obra

todo es ahora
más diáfano
quizás nada de eso
sucedió
quizás solo sean pre-textos
para sentarnos
en una terraza
y armar una nueva
historia con otros
mientras aguardamos
que la cerveza
siga estando fría
cada vez más fría

palabras
instalación incluida
hasta fin de existencias

55

libradnos dioses
de los rebaños
de Poseidón,
permitidnos clementes
la senda de Atenea

amo a las poetas bilingües
con sus patrias portátiles

56

la palabra inercia inicia cuerpos
excedentes en las aceras del mal tiempo;
asesinos veganos perfeccionan
su mirada censura-dora en el tesauro
binario de las cafeterías;
atorra profesional la indignidad
del representante democrático
en una pantalla UHD con modulación
surround. Darío, deberías llevar
surround a la Academia, y cortarnos
las cenas todos juntos sobre el *Diccionario
de autoridades*. Darío, *Estructura
y tiempo reducido en la novela*
de aquella mañana de lluvia
en la Praza de Mazarelos, a principios
de los 80, y de todo, en un siglo
que como nosotras, se fue al carajo

del tiempo homicida en los calendarios
del mundo

[Mercado libre,
como si eso fuera posible].

57

cuando ya casi todo
es una novela corta,
cuando el silencio
casi no busca palabras

el sol quemando el último gajo
de sandía sobre un plato azul cobalto.
la mesa de madera, caliente, neutra,
muerta; el viento buscando abejas obreras
para un limonero enfermo
de Psila Africana

dos líneas de humo —paralelas—
a doce mil metros de altura
sobre fondo azul índigo

☒ realidad contingente, impresa
en neuronas de homínida *deleble*

58

los altos fondos de una poeta fascista,
el compromiso escrito con el exterminio
del diferente, con el napalm de una lengua
única; ella, jefa de su tribu, con la seriedad
energética de la genocida, con el pre-texto
de una tierra que tira a los ojos de los niños

y disfruta de la gloria, gota a gota,
de la métrica del ego en el sótano
de la costumbre

y nada sabes del estrés docente
de esta luz que los recoge
a los pies de la palabra

59

hablo en compañía
de lo que algunas palabras
dejaron en mí; verbos
que vienen de cuerpos
que han muerto hace
demasiado tiempo ya

copiar y pegar otra mañana
de invierno, renombrar
al desasosiego de que todo
estuviese antes aquí,
también la calma de que la realidad
quedará en tus manos
cuando me hunda en el sencillo
meandro de la desmemoria

poema, prohibido el paso,
camino particular

60

estoy para demostrar
que estoy, no para
estar,
estás para demostrar
que estás, no para
estar,
nadie está, todo sucede
en el vacío; para nadie,
y saluda,
solo somos miembros
en una civilización
de látex

ver el túnel,
al final de una luz cardiovascular

[Volver a las andadas,
como si eso fuera posible].

61

cantan las filólogas
palabras ergonómicas,
y tú buscando vértebras
en la luz entre las primeras
sombras de la noche

tú y el cristal tintado
de Rushdie, tú y la maquinaria
distópica de los icebergs,
tú y el cíborg que le pone
ojitos a la libertad

entrada libre,
hasta completar aforo

62

la pista de despegue de un verbo,
y el silencio que le precede:
despenalizar la palabra angustia

detenerme en el box de tu sonrisa

tomografías axiales,
parches de fentanilo,
píldoras de morfina;
y la oscuridad convertida
en sala de espera de la luz

a veces parece que siempre
se mueren los mismos

palabras de proximidad,
sin huella de carbono
en el corazón de la guerrilla

¡jódele la barca a Caronte!

63

el diagnóstico fue:
reina de los apartamentos
prestados, clienta de la vida;
y aquellas palabras en baja
resolución

Del universo es el mar una sombra
Una luz temblorosa en la piel
Una línea que sueña
La unidad febril premonitoria
En el espacio creado para la música...

ceniza de luna en los labios
menores de la música,
en esta poca luz de octubre
que basa los hechos reales

64

de la ternura de la luz cayendo
en los campos de la infancia,
del eco de aquella cigarra
que daba cuerda al mundo;
END parpadeando en el visor
del microondas

de los besos sueltos —definitivos—
en el formulario de la mañana;
de sesenta y cuatro marcas
en los postes de la costumbre

[De vivir en un Hopper,
como si eso fuera posible].

Poética

[lo siento, mi poética
son miles de bragas,
usadas, envasadas al vacío,
en sobres acolchados,
que recorren las estafetas
del deseo del mundo]

CODA

CODA

La razón se vuelve loca sin lenguaje que la cuide.
El sueño es nuestra defensa. Me voy a la cama.
Dejo el plato de las fresas encima de la mesa. Ya lo
recogeré mañana, me digo. Así soy yo: una in-
vención de la pereza.

ALFONSO PEXEGUEIRO

Car l'Amour & la Mort n'est qu'une même chose.

PIERRE DE RONSARD

ex-combatiente, Arte-facto en manos de la morfina:

*de cuando todo parece
una caja de postales muertas

pienso en el paje Pierre de Ronsard, justo en el instante
que finaliza el último soneto para Helena de Surgères.
día lluvioso, como este, en París. sordo, mira desde una
ventana de oportunidad cómo pasan –lentos– dos soldados
de Enrique II. el rigor formal del viento juega con la desdicha;
todo es rotundo, el pulso que falla, los años de juventud
que trazaron un manojo de afluentes de humo bajo la piel.
y no se deshace, como un diptongo; sigue, respira,
atiza ese desamor que no saldrá en las estadísticas de la cruz.
riders on the storm, riders on the storm

y piensas en un taxi libre que va dejando ideas por las calles
desiertas de la ciudad; también en ti y en los cuerpos y fuerzas
que aguardan en el portal de la vida. ya nada está ocupado,
y el pensamiento da otra brazada, y eres tú, húmedo
en los cristales de verme desnuda; eres, y eso me basta

y pienso en Leopoldo María Panero y en su Coca-Cola fría,
como el amor y la muerte; y sale de cuentas y todo parece
nuevo: la trompa de un elefante, tus ojos, el silencio,
los dioses de entretiempo, un contenedor verde, el río Jordán,
la palabra palanqueta, tres balas de goma, Gilgamesh
de Uruk dando la vuelta al mundo. sale de cuentas el Poeta
y no resiste la prueba de la nieve

y piensas en que yo sepa, en ábrase solo en caso de silencio,
                                                    [sostenido,
en un acuerdo de privacidad con las huellas perdidas sobre la acera;
y dices que amas a una pandilla de *criptoimbéciles*
que están trabajando en algo pretendida-mente nuevo

verter en las palabras, una y otra vez, lo que sobra.
eso es todo. y todo se funde a blanco

Notas de autor

Al concluir la escritura de un libro, aparte del vacío que a muchos nos envuelve, viene también el aparejo de la duda. Yo nunca he sido partidario de explicar mi escritura. Soy un mal padre de mis palabras. El lector llega a sus propias conclusiones, ensambla las palabras en su universo íntimo, y ¿quién soy yo para alterar ese prodigio? La literatura, por fortuna, sigue siendo ese último territorio libre: el espacio donde cada lector construye, desde su interior, un mundo propio; ese refugio cada vez más asediado, pero todavía inviolable.

Pese a lo anterior, siento la obligación de compartir aquí algunas notas escuetas sobre referencias que el lector avezado ya habrá identificado. Tampoco pasa nada por no reconocerlas. Mejor aún. La razón última de algunas de estas referencias es que en ningún caso se me pueda acusar de cuatrero literario.

Por todo lo expuesto digo:
1. «Nazaré» (palabra final del poema 16) alude a la homónima villa portuguesa.

2. «Zugzwang» (término de origen alemán en el poema 21) designa en ajedrez la situación en la que cualquier movimiento empeora irremediablemente la posición del jugador.

3. «Estructura y tiempo reducido en la novela» (poema 56) retoma el título del ensayo publicado por Darío Villanueva en la editorial Anthropos. Darío tuvo la funesta ventura de tenerme entre sus alumnos en la asignatura de Crítica literaria.

4. El fragmento entrecomillado incluido en el poema 63 pertenece a *Évame* (Editorial Elvira, 2014), poemario del irrepetible trovador *beat* Carlos Oroza.

5. La cita *«riders on the storm, riders on the storm»* (en la coda final del libro) es un guiño a la canción homónima del grupo musical The Doors.

Agrade-cimientos

Siempre agradecido a mis dos Fes, la primera, mi madre, por enseñarme el significado profundo de la palabra bondad; y la segunda, mi hermana, por aguantar durante tantos años mis delirios literarios.

Gratitud eterna a Marta López, mi compañera de vida y paciente lectora de guardia. A mis hijos, David y Julio, por entender y entrenar mi precaria calma.

Agradecimiento a Paz Felpeto, la mejor escritora, negra, y siempre maga. A Juan Casas Rigall, amigo que hace pequeña esa palabra, gratitud por su paciencia y disposición a leer mis cosas desde los años 80. A Dadín y a todos mis amigos, ya sabéis quienes sois, no hacen falta nombres.

Gratitud a Alfonso Pexegueiro, escritor total, injustamente marginado por los mequetrefes de la farándula literaria galaica, por las horas de búsqueda compartida entre las palabras. A Andrés Amorós, por leer aquel libro. A Blanca Andreu por un manojo de palabras. A Jenaro Talens por aquella Salamanca de los Novísimos.

Agradecimiento a Viviana Paletta, mi editora, por el entusiasmo y la generosidad con la que ha tratado mi obra.

Gratitud también a las calles de Monforte de Lemos y de Santiago de Compostela. Al viento, a la niebla y a la noche. A las playas de A Costa da Morte, a la cerveza de barril y a los clásicos. Tamén á Casa de Tras, e ás terras de O Couso.

Índice

Llevo ya varios años hablando de lo importante que es agujerear el lenguaje para ver a su través lo que ha dejado de contarnos con el uso. Para volver a escuchar el mundo en las infinitas lenguas que posee (...) Porque el lenguaje tiene eso de que cuando se repite demasiado se endurece y termina ocultando en el nombre lo que nombra, en vez de señalarlo.

CHANTAL MAILLARD

Esta primera edición de *Código Hobo* se acabó
de imprimir en Madrid el 29 de mayo de 2025, la misma fecha
del fallecimiento de Juan Ramón Jiménez
en San Juan de Puerto Rico,
hace 67 años.